AF370916

DESCRIPTION

DU

MUSÉE

MÉCANIQUE

DE

Georges TIETZ,

CONTENANT

L'ÉLÉPHANT MÉCANIQUE D'O'MARTINET,

ET

TABLEAUX

DE

L'HISTOIRE MODERNE ET DE LA BIBLE.

—

Reims. — Typographie MARÉCHAL-GRUAT, rue des Élus, 18.

III.

LA FAVORITE INFIDÈLE OU LA VENGEANCE DU PACHA.

(Groupe de 4 figures.)

Une femme charmante, favorite d'un pacha turc, repose sur une ottomane ; un jeune grec, son amant, est assis à ses pieds les jambes croisées, et dort au moment où le pacha accompagné du gardien du sérail entre inopinément. A cette vue, le pacha est saisi d'une fureur extrême, que l'on voit dans ses yeux effarés, au grincement de ses dents et à l'agitation de sa poitrine. Il veut se venger de l'infidèle le poignard à la main. Le contraste de cette figure avec celle de la favorite et de son amant, produit une impression difficile à exprimer, et il est impossible de se défendre un regret en pensant que le pacha va immoler ce chef-d'œuvre de la nature à sa vengeance.

Le pacha, n° 4.
Le gardien du sérail, no 5.
La favorite, n° 6.
Le grec, n° 7.

II.

ANDROCLÈS ET SON LION DANS LE DÉSERT.

Androclès, esclave d'un proconsul romain en Afrique, s'enfuit de chez son maître et alla se réfugier au fond des forêts. Un lion blessé s'approcha de lui. Androclès lui arracha une ronce de la patte et le pansa ; le lion lui en témoigna sa reconnaissance, non-seulement en le défendant contre l'attaque des animaux carnassiers, mais en lui procurant sa nourriture pendant plusieurs années. Dans la suite, on découvrit la retraite d'Androclès, qui fut pris et conduit à Rome afin de servir de spectacle au peuple, devant combattre des animaux féroces dans une arène, les vaincre ou être déchiré par eux. Mais quelle fut la surprise générale, lorsque le lion que l'on lâcha sur lui vint se coucher à ses pieds et le lécher en battant ses flancs de sa queue! C'était le même lion avec lequel Androclès avait vécu si longtemps dans le désert. On lui rendit la liberté et on lui fit cadeau de son lion, avec lequel il parcourut toute l'Italie.

L'ÉLÉPHANT MÉCANIQUE D'O'MARTINET.

Ce chef-d'œuvre des meilleurs artistes est un modèle du plus haut point de perfection de la mécanique ; il excite l'admiration, soit par son ingénieuse conception, soit par la magnificence de ses ornements. Il a 6 pieds de hauteur et 4 de largeur, et est entièrement fait de bronze et d'argent doré ; il est orné d'un grand nombre de pierres précieuses, et contient dans son intérieur de la musique, d'après laquelle se meuvent toutes les figures qui entourent ce sujet ; l'éléphant est monté sur un pied mobile et peut se tourner dans tous les sens pour l'agrément des spectateurs. Ce sujet représente l'*entrée du grand Mogol sur son éléphant dans un pays conquis*. Le magnifique animal est sur un rocher, et imite tous les mouvements de la nature avec ses yeux, sa trompe et sa queue ; devant lui est un lion, contre lequel il cherche à se défendre ; de chaque côté sont ses cornacs avec leurs arcs et leurs flèches, et derrière eux les cymbaliers. L'éléphant porte sur le dos une tour soutenue par quatre sirènes en bronze ; elle est armée de douze pièces de canon, dont les embouchures sont ornées de diamants. Dans la tour se promènent les gardes-du-corps et la musique des janissaires du grand Mogol, qui lui-même se trouve sur la plate-forme sous un baldaquin soutenu par des nègres ; il tourne ses regards de tous côtés. Sur les côtés de la tour, sur la couverture de l'éléphant, et au pied du rocher se trouvent une multitude d'étoiles en brillants, qui tournent toutes en sens contraire, plus, deux serpents en or colorié qui se poursuivent en faisant des mouvements onduleux. Sur les flancs du rocher croissent plusieurs fleurs mécaniques, entièrement composées de pierres précieuses, et qui ouvrent et ferment leurs calices de la manière la plus étonnante. Une grande quantité d'insectes, de dragons, de coquillages et de reptiles, ciselés en bronze massif, animent les parois du rocher. Les ponts, les jardins et palais orientaux que l'on voit au bas du rocher sont tous animés par des personnages mouvants. Il faudrait un volume pour contenir la description de ce chef-d'œuvre, unique dans son genre, et appelé à juste titre le *nec plus ultra* de l'art mécanique. Il a été exécuté à Londres, dans l'espace de dix ans, aux frais de la Compagnie des Indes, par le célèbre mécanicien *Hubert O'Martinet*, de Reims, aidé des premiers artistes de France ; il était destiné à être donné en cadeau à Ali-Achmet, nabad des Ponaa-Marattes, dans la province de Visapur, mais il mourut avant que l'œuvre fût terminée. Le créateur de cette merveille a incrusté son nom : H. O'MARTINET, en brillants, sur le premier cercle, ou haut de la trompe, et la princesse Charlotte de Wales en parle avec admiration dans ses *Mémoires*, page 425.

IV.

LA BELLE ESMÉRALDA ET SA CHÈVRE FIDÈLE.

(Groupe de 4 figures.)

Esméralda la joli Bohémienne et Phœbus son amant sont cachés dans la maison de la nourrice de ce dernier, et se croient en pleine sécurité ; cependant le diacre de Notre-Dame, le perfide Claude Frollo, est parvenu à découvrir leur retraite ; il s'y introduit par une fenêtre, s'y cache et paraît soudain, au moment où, se croyant seule, Esméralda avoue en rougissant son amour à Phœbus ; il lève son poignard sur ce dernier, tandis que la chèvre blanche regarde Esméralda. Ces trois figures sont d'un fini parfait.

Esméralda, nº 8.
Phœbns, nº 9.
Claude Frollo, nº 10.

V.

L'ENTREVUE DE JUDITH ET D'HOLOPHERNE DANS LE PAVILLON.

(Groupe de trois figures.)

A côté de Judith se trouve sa servante, prête à recevoir dans un sac la tête d'Holopherne, dès que l'action sanglante sera accomplie. Le sommeil du général assyrien est paisible, ne se doutant pas de sa mort si prochaine ; de même Judith regarde avec calme et sourire la victime de sa vengeance.

Judith, n° 11.
Holopherne, n° 12.
La servante de Judith, n° 13.

VI.

LA DÉCAPITATION DE SAINT JEAN-BAPTISTE.

(Groupe de 7 figures.)

Le tragique moment qui suit la décapitation du précurseur de Jésus-Christ, est représenté avec une frappante réalité, comme il est décrit dans la Bible (Evangile selon saint Marc, chap. 6, versets 25-28). On est fasciné par la figure énergique du bourreau, dont la pose rappelle le gladiateur de Borghèse. De la main droite il tient le glaive, et de la gauche, la tête séparée du tronc, ruisselante de sang, à laquelle on voit encore les dernières convulsions de l'agonie, dans les yeux et la bouche ; à terre est le tronc couvert d'un voile transparent. Hérodias, suivie d'une de ses femmes, est venue contempler avec orgueil la tête sanglante qu'une de ses esclaves est prête à recevoir dans un bassin. De l'autre côté, le geolier détourne ses yeux avec horreur, sa poitrine est violemment agitée, pendant que son père, un respectable vieillard, lui pose la main sur l'épaule et cherche à le consoler.

Saint Jean-Baptiste, n° 14.
Le bourreau, n° 15.
La princesse Hérodias, n° 16.
Sa suivante, n° 17.
Son esclave, n° 18.
Le geôlier, n° 19.
Le père du geôlier, n° 20.

VII.

LA MORT DU MARÉCHAL LANNES.

(Groupe de 11 figures.)

La bataille d'Essling est un des plus beaux faits d'armes de l'histoire militaire ; malheureusement, la victoire ne put être obtenue qu'au prix de la vie des plus braves militaires de l'empire. Parmi ces derniers, nous ne parlerons que d'un seul. Le maréchal Lannes, duc de Montebello, né à Lectoure, en 1771, fut d'abord destiné au barreau, mais les événements l'entraînèrent dans le tourbillon de la révolution ; à l'armée française, il s'éleva par sa valeur aux plus hauts grades, et fut l'ami intime de Napoléon, qu'il a suivi en Égypte, en Espagne, en Allemagne, et enfin à la bataille d'Aspre et d'Essling (le 22 mai 1809). Là un boulet lui enleva une jambe, et comme on l'emportait du champ de bataille, Napoléon, qui l'avait aperçu de loin, le fit recommander aux soins du chirurgien Larrey, mais malheureusement l'art fut inutile pour sauver une vie si précieuse. Parmi les généraux qui accompagnèrent Lannes, vous remarquerez Mouton, Rapp et Masséna.

Le maréchal Lannes, no 21.
Le général Rapp, no 22.
Le général Mouton, no 23.
Le général Masséna, no 24.
Le chirurgien Larrey, 25.
Le vieux grognard, no 26.
Un soldat, no 27.
Un soldat, no 28.
Un adjudant, no 29.
Le soldat mourant, no 30.
Un vieux soldat, no 31.

VIII.

UN ERMITE.

IX.

FRÉDÉRIC-LE-GRAND, LAUDON ET VOLTAIRE.

Ce dernier est assis et lit complaisamment une de ses œuvres, pendant que le roi se dispose à lui parler ; le général Laudon se trouve au milieu un peu en arrière. Les têtes sont d'une ressemblance frappante, surtout celle du génie français qui a été moulée en cire sur le buste exécuté un peu avant sa mort, à Paris, où il fut couronné sur la scène, le 30 mars 1778.

Frédéric-le-Grand, n° 32.
Le maréchal Laudon, n° 33.
M. de Voltaire, n° 34.

X.

LES JOUEURS DE CARTE.

(Groupe de 7 figures.)

Le premier, le plus pressé, croyant avoir gagné, veut jouer sa carte. Le personnage placé en face de lui ne peut s'empêcher de rire, voyant qu'il possède le plus fort atout. Le troisième, il lui prend une envie d'éternuer ; le quatrième s'efforce de comprimer sa joie, voyant qu'il a gagné ; le cinquième, le colérique, partner du premier et spectateur, ne peut se contenir et casse sa pipe, croyant que son ami a été trompé.

Parmi ce groupe incomparable, vous remarquez une femme accompagnée de son enfant, prononçant clairement les mots de *papa* et *maman*.

Le plus pressé, n° 35.
Le rieur, n° 36.
L'éternueur, n° 37.
Le plus malin, n° 38.
Le colérique, n° 39.
La maman et sa petite fille, n° 40.

XI.

LE CERCLE POLITIQUE.

(Groupe de 8 figures.)

Le politique lit avec un grand sérieux un article du journal ; la vieillesse crédule, placée à côté de lui, semble tout en buvant vouloir lui arracher les syllabes de la bouche, d'impatience; la vieille babillarde sa voisine, la tabatière à la main, paraît lui donner des signes d'assentiment ; son voisin de droite, la conversation l'a tellement amusé qu'il se prend à bâiller ; à côté de lui, son ami a été si peu ennuyé par la conversation, qu'il est plongé dans nn profond sommeil, tandis que l'espiègle s'amuse à lui caresser le bout du nez avec une plume pour le réveiller. Mais celui qui a pris le plus d'intérêt à la conversation, c'est le stupide domestique, tandis que sa chère et tendre moitié, placée à ses côtés, paraît peu disposée à partager ses opinions politiques avec lui, si ce n'est d'une manière toute particulière.

Le politique, n° 41.
Le vieillard, n° 42.
La vieille bavarde, n° 43.
Le bailleur, n° 44.
Le dormeur, n° 45.
L'espiègle, n° 46.
Le domestique, n° 47.
La servante son épouse, n° 48.

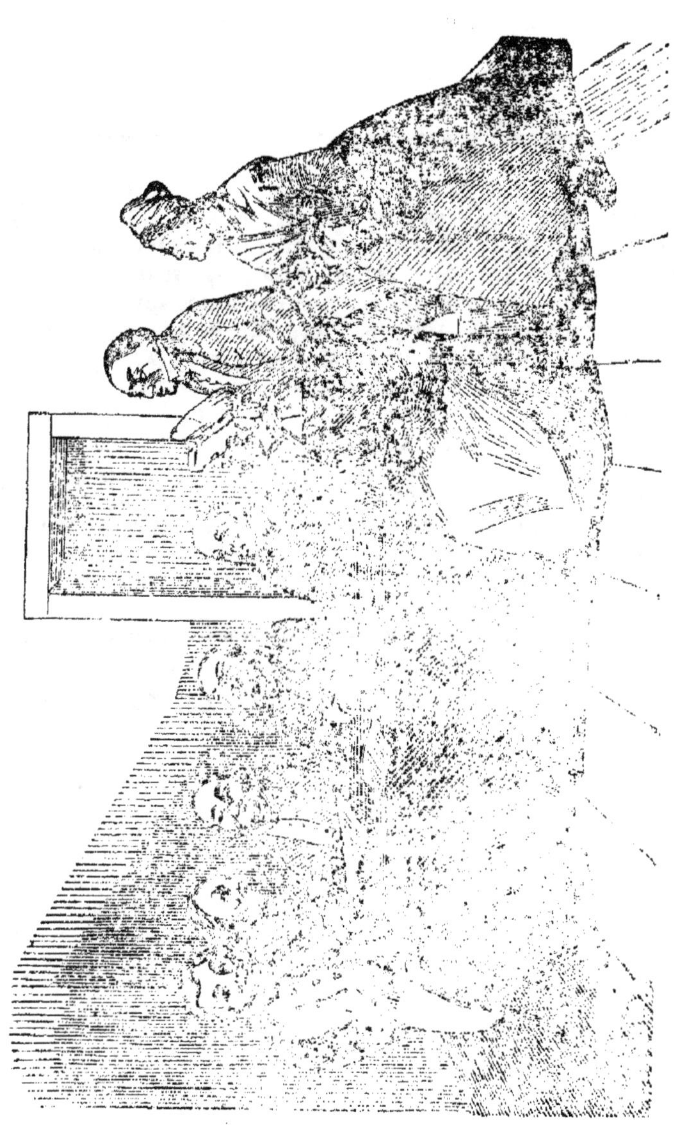

XII.

Sa majesté l'empereur Napoléon Ier.
Sa majesté l'empereur Napoléon III.
Sa majesté impériale Eugénie de Guzman, comtesse de Téba et de Montijo, impératrice des Français.

XIII.

LA CÉLÈBRE DANSEUSE Mlle BABETTE,

en ancien costume français, qui valse d'après la musique.

On ne peut détacher les yeux de cette figure si naturelle, si jolie, si friponne. Appuyée contre un pilier, elle attend qu'on l'invite à danser. Le moment arrive, la musique commence, et le public est prié de se retirer à l'écart pour faire place à la danseuse. « Voulons-nous valser ? » demande un danseur : M. Tietz lui-même. Elle s'incline. Il l'entoure d'un bras et lui prend la main. Ils sont en position ; elle lui dit confidentiellement quelque chose à l'oreille ; il répond affirmativement, et aussitôt ils commencent à valser. Après le premier tour, on s'arrête. Elle semble échauffée, elle parle, elle s'incline avec une telle grâce qu'on ne peut s'empêcher de lui sourire ; elle se promène en regardant malicieusement le public ; son sein s'agite comme chez une personne essoufflée, et on croit entendre la respiration. Après que l'artiste lui a essuyé la sueur du front avec un mouchoir, ils recommencent à valser et il la reconduit à sa place. Là, elle fait une révérence au public, et c'est avec regret qu'on voit la danse s'arrêter.

Mlle Babette, n° 48.

XIV.

LA PETITE CRIARDE.

Une petite fille, de grandeur naturelle, justifie son surnom par ses gestes et sa voix.

La petite criarde, n° 49.

XV.

LE PETIT TAMBOUR DU RÉGIMENT.

Le tambour, n° 50.

XVI.

LE PRESTIDIGITATEUR.

Cette œuvre récente de M. Tietz, donne une idée de son talent. Cette belle figure, moitié grandeur naturelle et en brillant costume mauresque, exécute avec beaucoup d'habileté le tour des gobelets sur une table, et récrée les assistants par le mouvement de ses lèvres et de ses yeux, ainsi que par sa figure spirituelle. Douze objets différents, passant et changeant de place, paraissent chaque fois qu'il lève les gobelets.

Le prestidigitateur, n° 51.

XVII.

UN SOLEIL MÉCANIQUE.

Le soleil, belle œuvre de l'art, qu'on voit dans le fond, est en bronze doré, en argent et en pierres précieuses, et a 4 pieds de diamètre. Le centre est composé de 19 étoiles de différentes grosseurs et de mouvements différents; à l'entour se trouvent 48 rayons de cristal en forme de spirale, qui lancent des flots de lumière.

Le soleil, n° 52.

XVIII.

L'ENLÈVEMENT DE LA COMTESSE MEDINA DEL CAMPO.

La belle comtesse Medina del Campo traversa l'Espagne avec son époux, pour se rendre en France ; son équipage fut assailli par des brigands qui infestaient dans ce temps (1811) les routes d'Espagne. Longtemps les do_ mestiques se défendirent avec courage, mais ils durent succomber au nom_ bre. Les brigands enlevèrent la comtesse après avoir assassiné son époux.

La comtesse Medina, n° 53.
Brigands, n°ˢ 54, 55, 56.
Femmes de brigands, n°ˢ 57, 48.

XIX.

UN PIERROT ET UNE BOHÉMIENNE DANSANT ENSEMBLE.

Le pierrot, n° 49.
La bohémienne, n° 60.

XX.

UN JOUEUR D'ORGUE ET SA FEMME FAISANT DE LA MUSIQUE.

Le joueur d'orgue, n° 61.
La batteuse de grosse caisse, n° 62.